Julie Landis-Sager

Ravensburger® Hobbykurse

Geschenke aus Salzteig

Otto Maier Verlag
Ravensburg

Alle in diesem Buch veröffentlichten Abbildungen bzw. Modelle sind urheberrechtlich geschützt und dürfen nur mit ausdrücklicher Genehmigung des Verlages gewerblich genutzt oder ausgewertet werden.

CIP-Kurztitelaufnahme der Deutschen Bibliothek

Landis-Sager, Julie:
Geschenke aus Salzteig/
Julie Landis-Sager. –
Ravensburg: Maier, 1983.
(Ravensburger Hobbykurse)
ISBN 3-473-45665-9

1883 – 1983

Dieses Buch erscheint
im 100. Jahr
des Otto Maier Verlags
Ravensburg

Fotos: Jörg Müller/Julie Landis-Sager
Satz: E. Weishaupt, Meckenbeuren
Gesamtherstellung: Himmer, Augsburg
Printed in Germany

87 86 85 84 83 5 4 3 2 1

ISBN 3-473-45665-9

Inhalt

Einleitung

Als ich vor bald 22 Jahren zum ersten Male vom Salzteig las und selber die ersten Weihnachtsengel formte, dachte ich nie daran, daß mich dieses Material so lange beschäftigen würde!
Das Hobbybuch, das 1978 bei Otto Maier in Ravensburg erschien und bis heute 14 Auflagen erreichte, enthält Arbeiten meiner ersten Erfahrungen und spiegelt meine Faszination an dem vielfältigen, billigen Werkmaterial wider.
Unterdessen entstanden weitere Bücher in der Schweiz, und wenn ich jetzt einen Hobbykurs für Sie in Buchform aufzeichne, so geschieht das in erster Linie, um das Thema Salzteig für Anfänger transparent zu machen. Die Fortgeschrittenen werden natürlich auch von den vielen neuen Beispielen profitieren.
Ich freue mich, daß so viele Menschen jeglichen Alters sich in diese Arbeiten vertiefen und die Erfüllung und Ruhe spüren, die sich über die Beschäftigung mit dem weichen, sensiblen Material Salzteig einstellen.
Wenn ich Ihnen auf den folgenden Seiten die Begeisterung am Arbeiten mit Salzteig ein wenig vermitteln könnte, so würde mich dies sehr freuen.

Julie Landis

Rezept

Man nehme zwei Teile Mehl, zwei Teile Salz und einen Teil Wasser.
Mischen Sie zuerst Mehl und Salz und gießen Sie das genau bemessene Wasser hinzu. Es soll ein geschmeidiger Teig sein, der weder klebrig noch trocken anzufühlen ist. Kneten Sie den Teig gut durch.
Bereiten Sie nur so viel Teig zu, wie Sie verarbeiten wollen, denn mit frisch zubereitetem Teig formt sich's am besten. Teigreste wirft man nicht weg, sie lassen sich in Folie verpackt oder in einem Plastiktütchen viele Tage aufbewahren.
Ich selber bin mir immer bewußt, daß ich mit einem Grundnahrungsmittel arbeite und verbrauche deshalb, wenn immer möglich, altes oder sonst für die Küche unbrauchbar gewordenes Mehl.

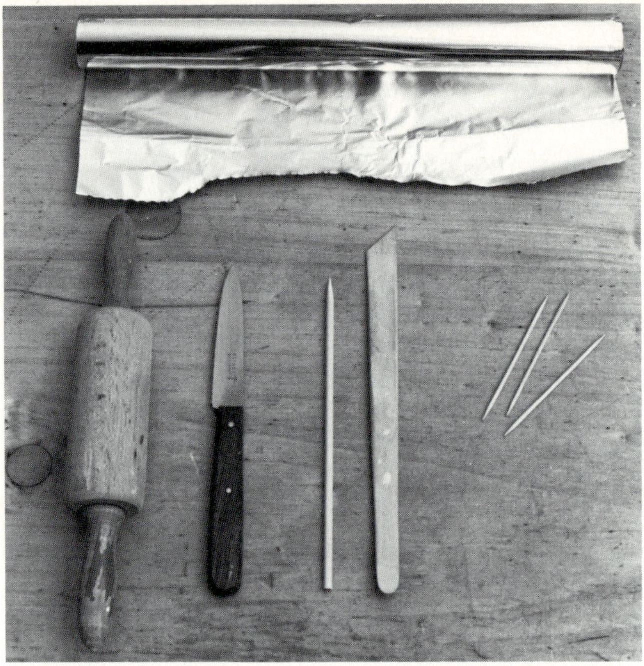

Geräte

Wallholz
Spitzmesser
Zahnstocher
Folie

Hilfsmittel

Ausstechformen
Stricknadeln
Blechförmchen
Blechbuchstaben
Model
Knöpfe
Ösen
Broschen...
Alles, womit Sie prägen, ritzen, stechen, drücken und verzieren können!

Formen

Erproben Sie den Teig zu Beginn mit einfachen Formen, am besten mit Ausstechformen. Schneiden Sie diese aus dem ausgewallten Teig und drücken Sie die Schnittkanten anschließend mit den Fingerkuppen „weich". So lernen Sie bereits, den Teig zu spüren.

Kugeln, Kügelchen, Kuben, Klötzchen

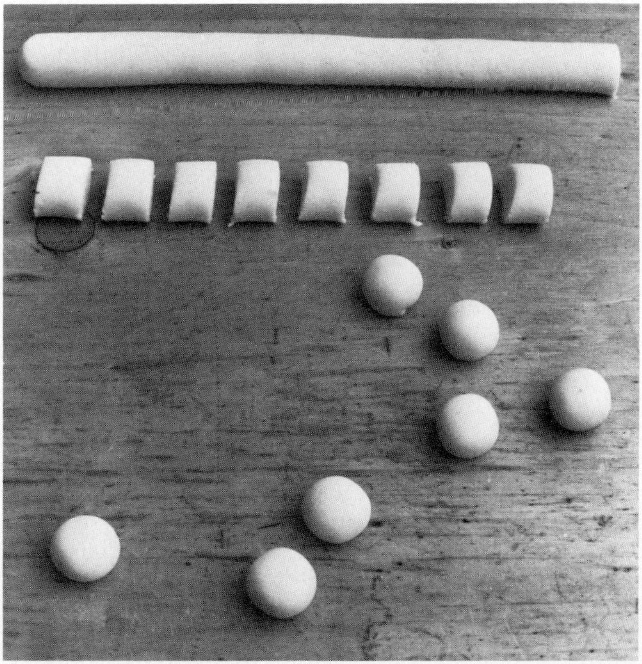

Für viele der folgenden Arbeiten brauchen Sie mehrere gleich große Kugeln oder Kuben. Es ist einfacher, Teigstreifen in Stücke zu teilen und so die genau gleichen Teile zu formen.

Backen

Mein Backblech bleibt während der Arbeit mit Salzteig immer im Backofen. Ich lege die fertig geformten Teigfiguren mitsamt der Alufolie aufs Blech. Meistens ist nach vollendeter Backzeit eine neue Serie zum Backen bereit.

Stellen Sie Ober- und Unterhitze ein und den Ofen auf 150° C. Der Teig soll eher langsam backen, nur so ist Gewähr, daß er durch und durch hart wird. Bei zu hoher Temperatur trocknet die äußerste Schicht zu rasch, und das Innere bleibt weich.

Malen

Was bunt werden soll, muß vorerst weiß grundiert werden. Dazu brauchen Sie weiße Deckfarbe und einen Borstenpinsel. Die Grundierfarbe muß gut abtrocknen vor dem Weitermalen.

Ein Wasserfarbkasten (oder für größere Arbeiten und Flächen Tubenplakatfarben) und einige feine bis gröbere Haarpinsel genügen für die Malerei. Für Feinstmotive brauchen Sie einen Marderhaarpinsel Nr. 01 – 02.

Lackieren

Mit Klarlack und breitem Haarpinsel werden die fertig bemalten Figuren bestrichen. Es lohnt sich, auch die Rückseiten mit Lack zu schützen.

Auch naturbelassene Stücke werden lackiert. Der Lackfilm gewährt immerhin einen Schutz gegen Feuchtigkeit, und man erzielt dabei einen aparten Seidenglanz. Lackpinsel werden nach Gebrauch mit Nitro-Verdünner gereinigt und anschließend mit Handseife gut ausgewaschen.

Aufbewahren

Luftfeuchtigkeit ist der Feind aller Salzteiggebilde!
Achten Sie deshalb darauf, wo Sie die Arbeiten aufbewahren. Bei feuchten Witterungsverhältnissen lohnt sich eine zeitweilige Kontrolle. Weich gewordene Stücke legen Sie an einen trockenen Ort oder in den schwach geheizten Backofen.

Überwintern Sie nie Salzteigdekorationen im feuchten Keller, auch Papier und Schachteln schützen nicht vor extremer Feuchtigkeit! Der beste „Aufbewahrungsort" sind Zimmerwände, Türen, Holztäfelungen und Fenster, also überall dort, wo Luft zirkulieren kann.

Frühling läßt sein blaues Band
Wieder flattern durch die Lüfte;
Süße, wohlbekannte Düfte
Streifen ahnungsvoll das Land.
Veilchen träumen schon,
Wollen balde kommen.
– Horch, von fern ein leiser Harfenton!
Frühling, ja du bist's!
Dich hab ich vernommen!

Eduard Mörike

Frühling

Frühlingsblüten

Den Teig nach Rezept herstellen und auf dem leicht bemehlten Tisch ca. 8 mm dick ausrollen.

In gleichmäßig dicke Streifen schneiden.

Die Streifen in genau gleiche Klötzchen schneiden.

Aus den Klötzchen formen Sie zwischen den Handflächen Kugeln, welche Sie mit der Fingerkuppe flachdrücken.

Aus je 6 Rondellen entsteht die Blüte. Die mittlere hält die äußeren fünf zusammen.

Mit dem Messer zeichnen Sie die Fältchen in den Blütenblättern. Es genügt eine kurze Backzeit von ca. 20 Minuten, da der Teig sehr dünn ist.

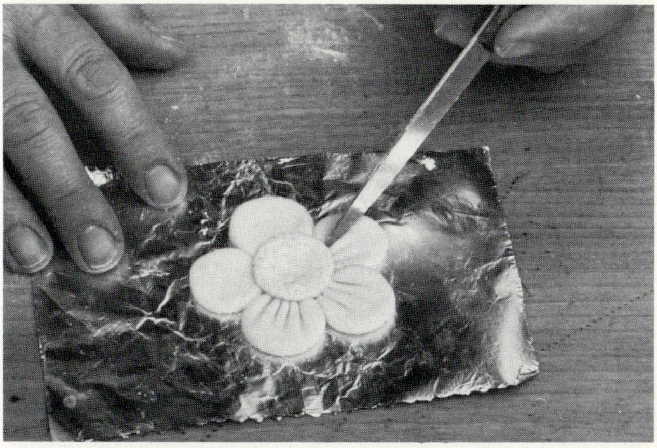

Es war mal eine Henne fein,
Die legte fleißig Eier;
Und pflegte denn ganz ungemein,
Wenn sie ein Ei gelegt, zu schrein,
Als wär' im Hause Feuer.
Ein alter Truthahn in dem Stall,
Der Fait vom Denken machte,
Ward bös darob und Knall und Fall
Trat er zur Henn' und sagte:
„Das Schrein, Frau Nachbarin, war eben nicht vonnöten;
Und weil es doch zum Ei nichts tut,
So legt das Ei, und damit gut!
Hört, seid darum gebeten!
Ihr wisset nicht, wie's durch den Kopf mir geht."
„Hm!" sprach die Nachbarin, und tät
Mit einem Fuß vortreten,
„Ihr wißt wohl schön, was heuer
Die Mode mit sich bringt, ihr ungezogenes Vieh!
Erst leg ich meine Eier,
Dann rezensier' ich sie."

Matthias Claudius

Ostern

Ostertisch

Auch diesen Teig rollen Sie 8–10 mm dick aus. Mit einer runden Ausstechform stechen Sie eine Anzahl Rondelle aus und legen sie auf Alufolie.

Reservieren Sie einige ungebackene Rondelle für die Nestchen der Küken!
Bei den übrigen markieren Sie mit einem Hühnerei eine Vertiefung in der Mitte.

Nun verzieren Sie den Rand mit Blättchen, Blümchen, Kügelchen...
Damit die Verzierungen gut haften, befeuchten Sie den Rondellenrand mit ganz wenig Wasser. Je nach gewünschtem Effekt backen Sie die Eierständer kürzer oder länger.

Küken

Damit Sie eine Anzahl genau gleich großer Küken erhalten, zeichnen Sie die Form auf festes Papier und schneiden sie aus. So besitzen Sie eine Schablone, welche Sie mit Hilfe eines Stäbchens „sanft“ in den Teig drücken.

Die vorstehenden Küken können Sie nun mühelos mit dem Spitzmesser ausschneiden, verzieren und backen.

Wenn sie gebacken und erkaltet sind, drücken Sie in die Mitte der dicken, ungebackenen Teigrondelle die Küken ein, verzieren den Rand mit Teigapplikationen und backen das Ganze bei 150° C etwa 30–40 Minuten.

So gern hätt' ich ein schönes Lied gemacht
von deiner Liebe, deiner treuen Weise,
die Gabe, die für andre immer wacht,
hätt' ich so gern geweckt zu deinem Preise.

Doch wie ich auch gesonnen mehr und mehr
und wie ich auch die Reime mochte stellen,
des Herzens Fluten wallten drüber her,
zerstörten mir des Liedes zarte Wellen.

So nimm die einfach schlichte Gabe hin,
von einfach ungeschmücktem Wort getragen,
und meine ganze Seele nimm darin;
wo man am meisten fühlt, weiß man nicht viel zu sagen.

Annette von Droste-Hülshoff

Muttertag

Herz

Vielleicht besitzen Sie eine große Ausstechform, oder Sie zeichnen sich eine Schablone wie auf S. 19 beschrieben. Schneiden Sie die Form aus 8 mm dickem Teig und drücken Sie die Schnittränder ein wenig „weich".

Jetzt benötigen Sie die Blechbuchstaben und ca. 3 mm dünn ausgewallten Teig. Legen Sie alle Buchstaben zunächst auf dem Tisch bereit, bevor Sie diese auf das Herz applizieren. Beginnen Sie mit dem mittleren Buchstaben und ordnen Sie die weiteren dazu. Zuletzt mit wenig Wasser fixieren.

Verzieren

Mit Körnern, Gewürznelken, Trockenblumen
oder
mit Zahnstochern und anderen Verziergeräten
oder
bunt bemalen und lackieren.
Den Schlitz für ein Seidenband müßten Sie vor dem Backen einschneiden.

Fotorahmen

Aus einem nostalgischen Mädchenfoto Ihrer Mutter gestalten Sie ein wirkungsvolles Muttertagsgeschenklein.
Die Fotografie mit Karton hinterkleben.
Für die vier Seiten entsprechend lange schmale Teigstreifen zuschneiden.

Mit Röschen, Blättchen (S. 18 unten) verzieren und zu einem Rahmen zusammenfügen, mit Wasser verkleben.
Backen.

Oder die Einzelteile fertigbacken und nach dem Lackieren direkt auf das Bild kleben. Auf der Rückseite einen Bildaufhänger ankleben.

Vom Vater hab ich die Statur,
Des Lebens ernstes Führen,
Vom Mütterchen die Frohnatur
Und Lust zu fabulieren.
Urahnherr war der Schönsten hold,
Das spukt so hin und wieder;
Urahnfrau liebte Schmuck und Gold,
Das zuckt wohl durch die Glieder.
Sind nun die Elemente nicht
Aus dem Komplex zu trennen,
Was ist denn an dem ganzen Wicht
Original zu nennen?

Johann Wolfgang Goethe

Geburtstag

Zur Geburt

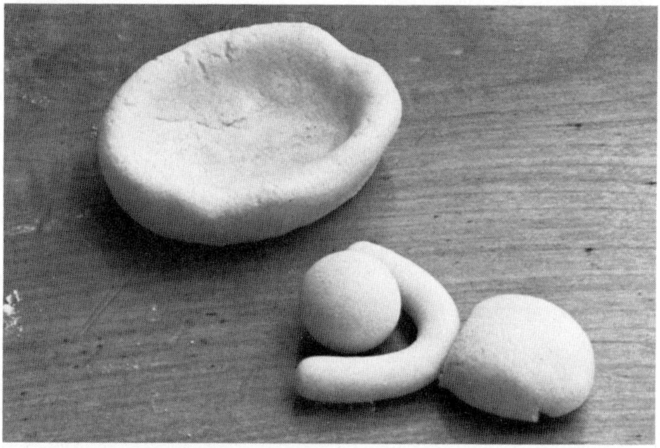

Aus verschieden großen Teigkugeln formen Sie Körbchen, Köpfchen, Leib und Arme.

Das „Kind" wird gebettet. Ein möglichst dünn ausgewalltes Teigstück schneiden Sie in Form für das Bettlaken. Dieses Werkstück braucht eine Backzeit von 40–50 Minuten.

Geburtsanzeige

In dieser Reihenfolge entsteht ein winzigkleines Kinderwägelchen:

1. Grundform Wagen;
2. 2 Teigkügelchen unten;
3. 2 Teigkügelchen flachpressen, Speichen markieren und auf die Kugeln setzen;
4. Deckbett aufsetzen;
5. Handgriff andrücken.

Geburtstags-gratulation

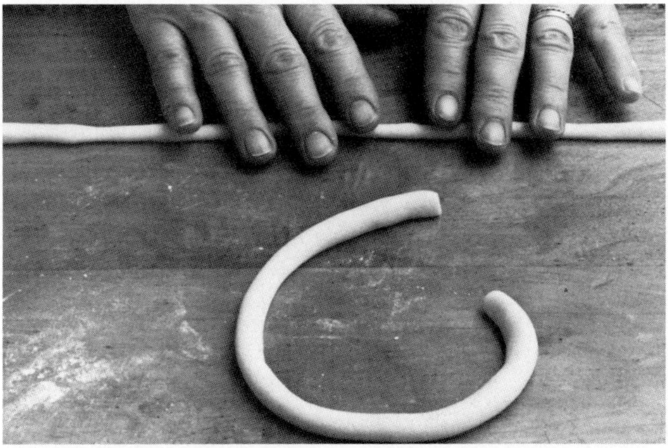

Für den Kranz rollen Sie Teig von ca. 12 mm Durchmesser, für die Zahlen halb so dünn. Formen Sie einen schönen Kreis auf Alufolie. Die Enden mit Wasser verstreichen.

Die Zahlen legen Sie so in den Kranz, daß sie an möglichst vielen Stellen mit dem Kranz in Berührung kommen.
Aus 3 mm dickem Teig stechen Sie kleine Herzformen aus und dekorieren den Kranz.

So wie die 50 können Sie beliebige Zahlen formen und zusammenfügen. Ergänzen Sie damit ein Buchgeschenk: Ihre originelle Glückwunschkarte wird bestimmt gefallen!

Im Sommer such ein Liebchen dir
In Garten und Gefild!
Da sind die Tage lang genug,
Da sind die Nächte mild.

Im Winter muß der süße Bund
Schon fest geschlossen sein,
So darfst nicht lange stehn im Schnee
Bei kaltem Mondenschein.

Ludwig Uhland

Verlobung

Selbstgemachte Anzeigen

Viele kleine Herzchen stechen Sie aus 3 mm dickem Teig, backen sie bei 150° C ca. 15–20 Minuten. Falls Sie diese leuchtend rot mögen, müssen sie unbedingt zuerst weiß grundiert werden. Mit Weißleim auf Karten kleben.

Eine preiswerte Art, goldene Verlobungsringe herzustellen!
Mit Weißleim oder kleinen Doppelklebern befestigen.

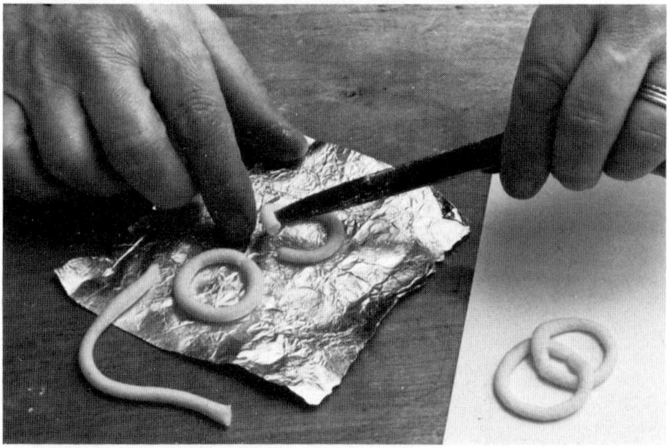

Zeichnen Sie die Buchstaben in gewünschter Größe auf Papier.
Mit dünnen Teigkordeln nachformen und mitsamt der Zeichenvorlage in den Ofen schieben: ca. 20 Minuten Backzeit.

Pärchen

Wenn Sie eine Schablone herstellen, können Sie wiederum mehrere genau gleiche Figuren ausschneiden.

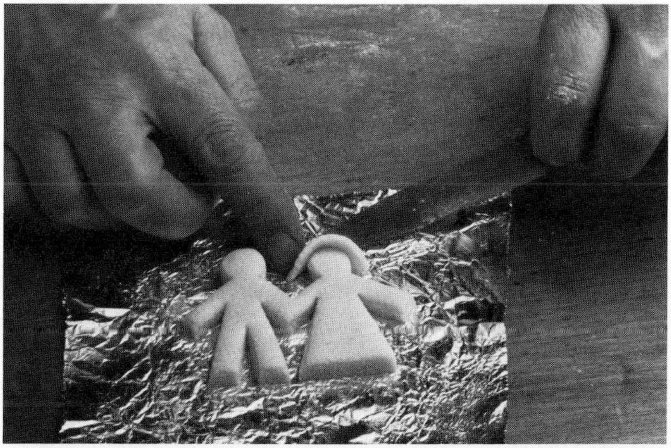

Auf mancherlei Art lassen sie sich verzieren. Kleine Teigplätzchen ergeben Hüte, ein Körbchen, ein Sträußchen... Aus wenig Teig ein Stock, ein Haarknoten, eine Schürze...

Oder Sie verzieren mit Zahnstocher und anderen Geräten und erzielen dabei hübsche Effekte. Oder, falls Sie gerne malen, so gestalten Sie die Männchen und Frauchen bunt. Lackieren nicht vergessen!

Daß zwei sich herzlich lieben,
Gibt erst der Welt den Sinn,
Macht sie erst rund und richtig,
Bis an die Sterne hin.

Daß zwei sich herzlich lieben,
Ist nötiger als Brot,
Ist nötiger als Leben
Und spottet aller Not.

Daß zwei sich herzlich lieben,
Ist aller Welt Beginn,
Macht sie erst rund und richtig,
Bis an die Sterne hin.

Hermann Claudius

Hochzeit

Das Hochzeitsgeschenk

Ein Stück aus ca. 15 mm dick ausgerolltem Teig teilen Sie in gleich breite Streifen ein. Ordnen Sie die Streifen zu einem Fenster.

Tip: Wenn Sie unsicher sind, die Proportionen zu treffen, dann markieren Sie das Fenster mit Hilfe einer Stricknadel auf die Alufolie!

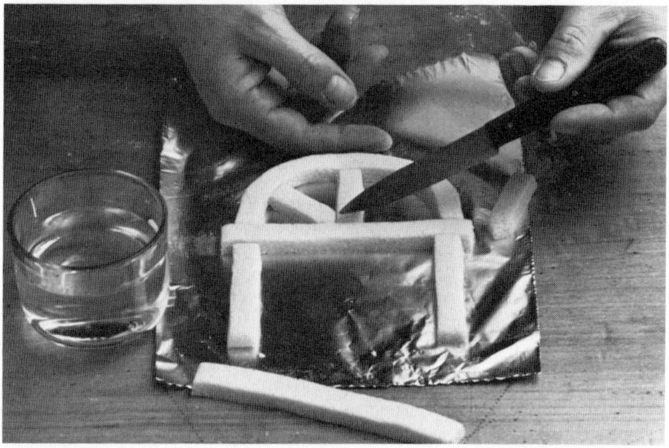

Alle Teile auf der Alufolie zusammenfügen, mit wenig Wasser verkleben, Nähte verstreichen. Backsteinmuster mit Messer eindrücken. Blumentöpfe ausschneiden, auf den Sims kleben und mit Blumen füllen:

Aus möglichst dünnen Streifen Teig rollen Sie eine Anzahl kleiner Röschen.

Und hier sehen Sie eine Auswahl an Blümchen und Blättchen, wie man sie zum Füllen der Blumentöpfe braucht. Je feiner und größer die Anzahl, desto üppiger wird Ihr Blumenfenster prangen!

Auch unbemalt und gut mit Lack geschützt sähe das Blumenfenster auf dem Hintergrund einer dunklen Holztüre gut aus!

In diesen Liedern suche du
Nach keinem ernsten Ziel!
Ein wenig Schmerz, ein wenig Lust,
Und alles war ein Spiel.

Besonders forsche nicht danach,
Welch Antlitz mir gefiel,
Wohl leuchten Augen viele drin,
Doch alles war ein Spiel.

Und ob verstohlen auf ein Blatt
Auch eine Träne fiel,
Getrocknet ist die Träne längst,
Und alles war ein Spiel.

Conrad Ferdinand Meyer

Gartenparty

Spiele

Als Paarfiguren für ein Gesellschaftsspiel oder einzeln zum Bezeichnen des Getränkes, der Süßspeise oder des Sitzplatzes sind diese sehr einfach zu machenden Symbole gedacht.
Die Grundform ist immer dasselbe Rondell, welches Sie in gewünschter Anzahl mit einem Ausstecher vorbereiten.

Mit unseren diversen Küchenutensilien zeichnen wir die Punkte des Marienkäfers oder die Haartracht der kleinen Frau...

Verzieren Sie sparsam und malen Sie dafür mit fröhlichen, kräftigen Farben!

Ganz schnell können Sie Ansteckbroschen herstellen, indem Sie Broschennadeln mit einem 2-Komponenten-Kleber hinten aufdrücken.

Diese „Markiersteine" backen Sie mitsamt dem Holzstab ungefähr 40–50 Minuten.

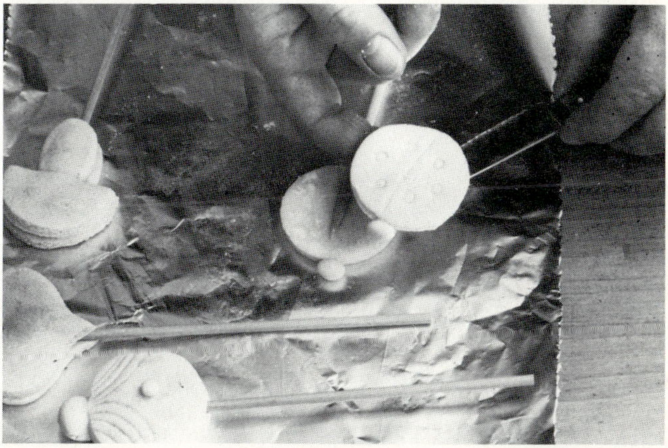

Jede Dame wählt eine Figur in dem einen Körbchen, jeder Herr eine Figur im andern: Das Tanzpaar ist ausgemacht!

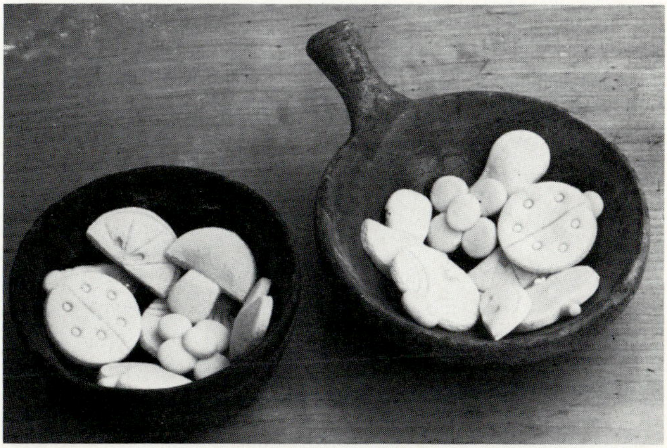

Ich kann sie kaum erwarten
Die erste Blum' im Garten,
Die erste Blüt' am Baum.
Sie grüßen meine Lieder,
Und kommt der Winter wieder,
Sing ich noch jenen Traum.

Johann Wolfgang Goethe

Blumenkörbchen

Naturblumen im Salzteigkorb

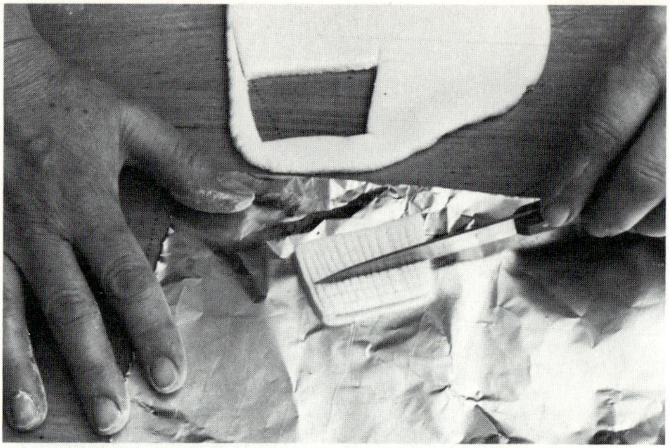

Schneiden Sie aus 6 mm dick ausgerolltem Teig eine Korbform aus und drücken Sie mit dem Spitzmesser geflechtähnliche Rillen senk- und waagerecht ein.

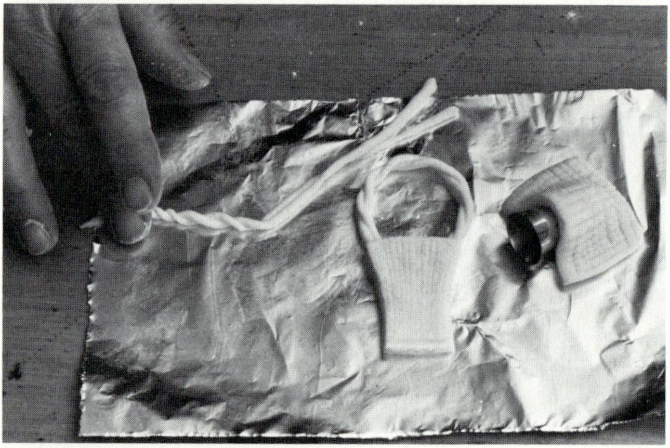

Sie können dem Korb zu Wölbung verhelfen mittels einer Blechdülle oder mit wenig zusammengeknüllter Alufolie. Für den Korbgriff drehen Sie zwei dünn ausgerollte Teigstränge vorsichtig zusammen und legen dies in schönem Bogen unter den Korb.

Wenn der Korb gebakken ist, wird er lackiert und mit kleinen und feinen dürren Rispen, Blütenständen und Gräsern in Fülle beklebt.

Buntes Blumengebinde

Wählen Sie aus den verschiedenen Körben einen aus!

Sie wissen nun bereits, wie Sie Blumen- und Blütenformen, Blättchen und Kügelchen zubereiten. Bauen Sie üppig zu einem großen Gebinde: zuerst die großen Blüten, danach die Blätter unterschieben. Mit wenig Wasser festhalten.

Bemalen oder nicht? Ihre Entscheidung ist sicherlich richtig!

Ach, was soll der Mensch verlangen?
Ist es besser, ruhig bleiben?
Klammernd fest sich anzuhangen?
Ist es besser, sich zu treiben?
Soll er sich ein Häuschen bauen?
Soll er unter Zelten leben?
Soll er auf die Felsen trauen?
Selbst die besten Felsen beben.

Eines schickt sich nicht für alle!
Sehe jeder, wie er's treibe,
Sehe jeder, wo er bleibe,
Und wer steht, daß er nicht falle!

Johann Wolfgang Goethe

Mein Häuschen

Das Häuschen

Aus ca. 6 mm dick ausgerolltem Teig schneiden Sie die Grundform des Hauses und alle Bäume und Sträucher aus. (Vielleicht zeichnen Sie zuerst Ihr Traumhaus auf Papier?)

Aus möglichst dünnem Teig werden Fenster, Tür, Rahmen, Dach usw. ausgeschnitten und sorgfältig an den richtigen Ort plaziert. Wenig Wasser zum Festmachen.

Kleine Details verschönern Ihr Heim!

Bäume, Sträucher

Vielfältig sind die Möglichkeiten für die Gestaltung des Umschwungs: Tannen oder Obstbäume, Rosenbüsche, Malven oder Thuja – wie Sie es mögen.

Alle Teile backen Sie 30–40 Minuten lang, und dann entscheiden Sie, ob sie bemalt werden sollen; denn auch naturbelassen sieht die fertige Arbeit gut aus!

Zur Montage meiner Idylle habe ich ein Stück ziemlich dicken Teiges gebraucht, die einzelnen Figuren am gewünschten Ort eingedrückt, wieder entfernt und erst nach dem Backen des Untergrundes wieder zusammengefügt.

Will ich in mein Gärtlein gehn,
will mein Zwiebeln gießen,
steht ein bucklig Männlein da,
fängt als an zu nießen.

Will ich in mein Küchlein gehn,
will mein Süpplein kochen;
steht ein bucklig Männlein da,
hat mein Töpflein brochen.

Will ich auf mein Bänkchen knien,
will ein bißchen beten,
steht das bucklig Männlein da,
fängt als an zu reden:

„Liebes Kindlein, ach, ich bitt,
bet für's bucklig Männlein mit."

Volksdichtung

Puppenküche

Puppengeschirr

Sie stechen dicke Rondelle aus und drücken mit einem Korkzapfen eine flache Vertiefung ein, so daß ein gefälliger Tellerrand bleibt.

Tasse und Untertasse sind ein einziges Stück: Aus einer Teigkugel entsteht mittels dem Holzstab oder Bleistift die Tasse, welche Sie mit wenig Wasser auf ein entsprechend großes Teigrondell setzen.

Auf die flachen Teller applizieren Sie nun die Speisefolge!

Der Speisezettel

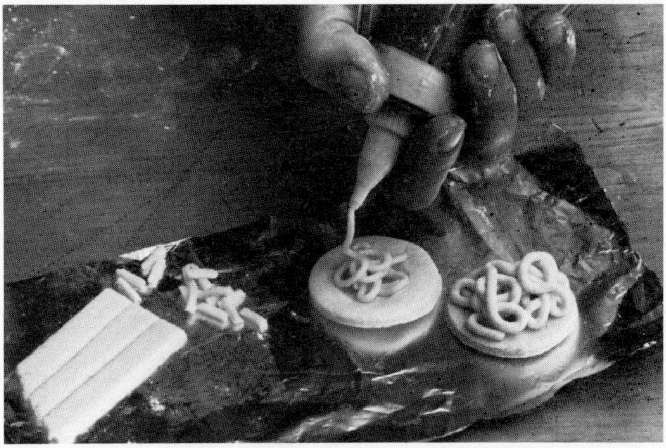

Die Spaghetti kommen aus dem Spritzbeutel, und die Pommes frites schneiden Sie ganz fein aus gleich breiten Teigstreifen.

Den Emmentalerkäse lochen Sie mit dem Holzstabende, die Fischschuppen zeichnen Sie mit dem Modellierholz, viele kleine Kügelchen werden zur Traube...

Die Speisefolge

Pommes frites
Brot mit Emmentaler
Fisch mit Zitrone
Schmelzkartoffeln
Schwarzwälder Torte
Früchte

Er stellt sich vor sein Spiegelglas
Und arrangiert noch dies und das.
Er dreht hinaus des Bartes Spitzen,
Sieht zu, wie seine Ringe blitzen,
Probiert auch mal, wie sich das macht,
Wenn er so herzgewinnend lacht,
Übt seines Auges Zauberkraft,
Legt die Krawatte musterhaft,
Wirft einen süßen Scheideblick
Auf sein geliebtes Bild zurück,
Geht dann hinaus zur Promenade,
Umschwebt vom Dufte der Pomade,
Und ärgert sich, als wie ein Stint,
Daß andre Leute eitel sind.

Wilhelm Busch

Spiegel

Ein Spiegel

Spiegelgläser gibt es in vielen Größen zu kaufen.

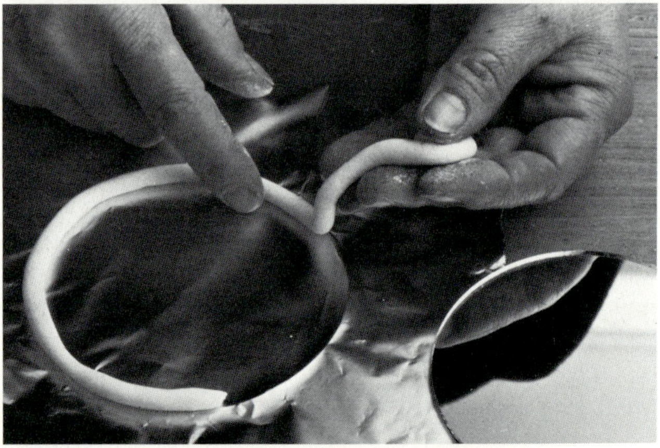

Legen Sie den Spiegel unter die Alufolie und drücken Sie mit dem Finger den Rand entlang, und schon haben Sie die genaue Größe auf der Folie. Darauf legen Sie nun eine fein ausgerollte Teigwurst und fügen die Enden zusammen.

Fertigen Sie Röschen, Winden, Glockenblumen, Kirschblüten, Kügelchen oder Blättchen an, oder alle zusammen...

Setzen Sie zuerst die größeren Blüten auf, füllen Sie sie mit Grünzeug oder Blättern. Backen, bemalen und lackieren.

Drücken Sie einen feinen Strang Weißleim auf den äußersten Rand des Spiegels und legen Sie den Kranz darauf. Eventuell leicht beschweren.

Jetzt noch den Bildaufhänger hinten ankleben und freundlich in den Spiegel schauen!

Stille sollst du
Stille sein
Schaust dir stille
Selber zu
Wirst du nie
Alleine sein
Wirst einig sein
Schau zu

Maria Renss

Advent

Kerzenständer

Je nach Größe der Kerze dicke Rondelle ausstechen (ca. 10–12 mm).

Mit der Kerze die Vertiefung eindrücken.

Verzieren Sie die Ränder mit Kugeln, kleinen Ausstechern wie Herzchen, Sterne, Blumen.
Je dicker das Werkstück, desto länger die Backzeit. Der große Kerzenstock braucht ca. 50 Minuten.

Adventskranz

Eine Teigwurst von ca. 2 cm Durchmesser zum Kranz formen. Drücken Sie 4 Löcher mit der Kerze ein und unzählige kleine Löcher mit dem Holzstab oder Zahnstocher.

Nach dem Backen stecken Sie viele kleine Dörrblümchen in diese Vertiefungen und stecken die passenden Kerzen dazu.

Eine Anzahl von naturbelassenen Ausstechern, verziert mit Zahnstocher, Ösen, Knöpfen, Buchstaben, Stricknadeln usw. Das Loch für den Faden zum Aufhängen nicht vergessen!
Verschieden lange Backzeit ergibt die reizvollen Farbnuancen.

Hätt' einer auch fast mehr Verstand
Als wie die drei Weisen aus Morgenland
Und ließe sich dünken, er wär' wohl nie
Dem Sternlein nachgereist wie sie;
Dennoch, wenn nun das Weihnachtsfest
Seine Lichtlein wonniglich scheinen läßt,
Fällt auch auf sein verständig Gesicht,
Er mag es merken oder nicht,
Ein freundlicher Strahl
Des Wundersterns von dazumal.

Wilhelm Busch

Puppenweihnacht

Fürs Puppenhaus

Allerkleinsten Christbaumschmuck stellen Sie mit allerkleinsten Ausstechförmchen her.

Für die Kleinstpaketchen schneiden Sie Würfel aus 12–15 mm dickem Teig.

Mit spitzem Holzstab lochen Sie jedes Förmchen. Kurz backen und weihnachtlich mit Farbe und Gold bemalen und lackieren. Die kleinen Kuben „verpacken" Sie mit feinen Goldschnüren.

Einen gewöhnlichen Ton-Blumentopf füllen Sie mit Gartenerde und stecken Tannenzweige hinein.

An den Miniausstechern haben Sie feine Fäden durchgezogen und schmücken nun das Bäumchen.

Und nun ist Weihnachten im Puppenhaus...

Oder Sie stellen das Bäumchen auf die alte Truhe im Eingang als Adventsschmuck...

Oder Sie geben es einem kranken oder alten Menschen und schenken ihm damit ein wenig Freude.

Salz gegen Jodmangel

Viele Menschen leiden heutzutage unter Jodmangel. Die Folge: Schilddrüsenerkrankungen sind in der Bundesrepublik weit verbreitet.

Eines der einfachsten Mittel, gegen Jodmangel vorzubeugen, ist jodiertes Speisesalz wie das »Bad Reichenhaller Jodsalz«.